이 집에서 슬픔은 안 된다

이 집에서 슬픔은 안 된다

김상혁 시집

민음의 시 192

민음사

박정하 삼촌께

自序

아버지의 집에 내 문패를 달았다.
나와서 보라,
집보다 아름다운 이 문패를.

2013년 3월
김상혁

차례

自序

1부

엎드린다　15
정체　16
홍조　17
학생의 꽃　18
당부　20
여왕의 골목　22
묵인　24
이사　26
푸른 옷을 입은 여자　28
유전　30
조립의 방　32
운동장　34
태몽　36
어쩌면　38
오늘의 편지　39
전보　40
누가　42

2부

싸움　　45
작은 사람　　47
옛날 사람에게　　48
죽어 가는 산드라　　50
외계인　　52
두 사람에게　　53
해산　　54
돌이킬 수 없는　　56
마닐라에　　58
거의　　60
온전함　　61
개들의 밤　　62
메리의 호수　　64
작은 섬—상부　　65
탈출기—하부　　66
토르소 애인　　70
남겨질 여자에게 남김　　71

3부

이염(移染)　75
헌사　77
당신 같은 작품　78
엎드린 사람　79
외설　80
아는 형　82
앉아 있는 사람　84
주격조사　85
자매들　86
돼지머리 남자　88
기도하는 자　89
들　90
동생들아 희망은　92
오늘, 미인　93
사육제로 향하는 밤　94
20cm　96
올라가는 열매　97

작품 해설 / 박슬기
엎드린 메시아의 탄생　99

1부

엎드린다

비명을 참으려고
도끼를 든 거구의 방문에
선뜻 깨어나 아무렇지 않게 목을 내밀려고
자주 죽으려고 혹은
죽어 가는 머리에 대하여 묵상하려고
울음의 두 손 안으로 공포와 함께 쏟아진 아이를
가죽나무에게 인사하는 가봉자(加捧子)의 새빨간 오후를
깜박이는 전구와 사라지는 세계를
밝음이 쓸데없는 심해의 눈들 앞에 그려 내려고
사람이 사람에게 저지를 수 있는 모든 일들과 또 모든
내려다보기와 내려보는 자를 들뜨게 하는 희생자의 비장함과
리넨 위에 얼룩진 밤빛 타액과 어머니가 숨죽여 웃고 있는 문 너머
검은 허공으로 피어오르는 희미한 연기의 시발을 조감하려고
높이를 증명하기 위해 구르던 가파른 깊이여
회전하는 바퀴에 감기는 손가락들이여
우리는 바람에 흔들리고 전등알처럼 달그락거리는 잎사귀들의 부딪힘을 머리도 없이 듣고 있다

정체

내가 죽도록 훔쳐보고 싶은 건 바로 나예요 자기 표정은 자신에게 가장 은밀해요 원치 않는 시점부터 나는 순차적으로 홀홀히 눌어붙어 있네요 아버지가 만삭 어머니 배를 차고 떠났을 때 난 그녀 뱃속에서 나도 모를 표정을 나도 몰래 지었을 거예요 어머니가 그런 아버지 코를 닮은 내 매부리코를 매일 들어 올려 돼지코를 만들 때도 그러다가 후레자식은 어쩔 수 없다며 왼손으로 내 머릴 후려칠 때도 나는 징그럽게 투명한 표정을 지었을 거예요 여자에게 술을 먹이고 나를 그녀 안으로 들이밀었을 때도 다음 날 그 왼손잡이 여자에게 뺨을 맞았을 때도 내가 궁금해한 건 그 순간을 겪는 나의 표정이었어요 은밀하고 신비해요 모든 나를 아무리 잘게 잘라도 단면마다 다른 표정이 보일 테니 나를 훔쳐볼 수만 있다면 눈이 먼 피핑톰(peeping tom)이 소돔 소금기둥이 돼도 좋아요 거기, 거울을 들이밀지 마세요 표정은 보려는 순간 간섭이 생겨요 맑게 훔쳐보지 않는 한

홍조

 똑같아지려고 교회를 다닙니다 주보로 비행기를 접으면 엄만 속상해하셨지만요 거기 적은 소원은 지킬 만한 비밀 치마를 뜯어 만든 내 바지엔 주머니가 없습니다

 붉은 얼굴로 손에 쥘 수 있는 것들만 생각합니다 소문으론 허기를 감추지 못해서요 버짐이 정오 수돗물로부터 집요하게 전염됩니다 아이들은 돌려 말할 줄을 몰라 나를 별명으로 불렀습니다

 언 손으로 책장 넘기며 그립던 빼빼한 여름, 종이마다 검은 곳은 내가 넘어진 자리구요 저녁 어스름이 악어 눈을 뜰 때까지 나는 구름 쳐다보는 일을 그만두지 못했습니다 내색하는 건

 무서우니까 오늘 밤에도 기도를 해야지 종일 정글짐이나 오르내리면 아무리 추워도 죽을 만한 겨울은 없고 운동장은 왜 얼지 않을까, 혼자 소매로 모래를 쓸며 궁금합니다 미친 여자 가랑일 봤어, 낄낄대는 소년들 나는 문득 태어난 일이 쑥스럽습니다

학생의 꽃

여자가 되고 싶었으나
그런 말은 집으로 돌아와서
엎드려서 침대에게만 했다
침대에 입술을 대고
침에서 라텍스 냄새가 날 때까지 말을 했다
할머니는 나를 알아보지 못했으므로
어머니는 여자였으므로 이해할 리가 없었다
가족들이 너무나 오랫동안 멀리
놀러 가지 않으면 눈물이 났다
하루가 잘 가지 않았다
그렇다고 고급 빌딩의 남자 주차 안내들처럼
여자 목소릴 내고 싶은 건 아니었다
그런 목소리는 집으로 돌아와서
교복과 모자도 벗지 않고 엎드려서
가끔씩 침대에게만 했다
여자들만 남은 가정에서는 흔히 작은 슬픔 같은 건 금지되곤 한다
침침한 새벽 눈을 깜빡이면

자는 당신들 모르게 벽지의 커다란 붉은 꽃들이 자라난
다고는
그러니까 말할 수 없었다
왜 그런 것인지 대답할 수 없는 슬픔은
금지되곤 했다 내가 치마를 입고 죽어 있다 해도
집에서 불쌍해지는 건 내가 아니었다
그건 이상한 일이지만
어머니는 매일 일을 나갔다
그렇다고 어머니처럼 되고 싶은 건 아니었다
그런 말은 침대에게도 하지 않았고
하굣길 깜깜한 동네 초입에서 작별할 때마다
내 거기를 만지던 애인에게도 하지 않았다

당부

바다를 건너면 여자를 몰래 사랑하고 꼭 양말을 신거라.
바다를 건너자 어슬렁거리는 버릇이 사라졌다.
나는 방을 남겼지. 고양이의 밤에서 낮으로 이주했다.
가족들의 소박한 꿈은 여름날 새까만 나의 목덜미,
체육 시간에 왕년의 남자가 되고
거짓말처럼 깔끔한 면도를 마치는 일.
완벽한 예감이 들면 책상에 엎드렸다.
3시 2분 뜨거운 허리를 뒤트는
가로수의 고요가 되어야지.
아무도 걸어 나가지 않는 낮잠이 되어야지.
무얼 감출 수 없게 불쑥 머리를 밀고
무척 쨍쨍한 날 베이스먼트에서 마지막 포효를 하고
새로운 집과 친구들은 잠잠했다.
태양 아래서 두 눈을 가늘게 뜨면
누구나 비슷해 보여.
아주 오래 산다면 흐릿한 풍경을 매일 보겠다.
밤의 시간이면 다시 조립식의 밤이 찾아오고
방문을 잠그고 빛나는 나의 별,
나를 모르는 나의 조립식 애인.

이국적인 모양으로 그녀를 맞추고 내 맨발을 드러내고
안심이 되면 어머니의 오래된 말씀이 떠오르지.
사랑하는 아들아,
바다를 건너면,
꼭,

여왕의 골목

골목은 놀이터였다

고요하고 붉은 길의 유래를 얘기해 줄까 여왕이 이곳을 떠나기 전날 그녀는 혀가 잘리도록 온 담벼락을 핥았다
밤새 비명을 따라 하며 아이들은 변성기를 맞았고
장미나무가 자라는 방향은 길하다고 믿었다

두 귀를 잡아 올린 죽은 토끼의 무게만큼
모두의 머리칼이 무겁다 북향으로 고개를 숙일 땐 모래로 머리를 감는 기분

반짝이는 기억과 가시에 떠도는 두려움 사이
공기를 찢고 빨개진 눈을 비비며 병정들이 태어난다
우리가 무얼 빚졌을까 늘어진 젖가슴을 그렸던 아이들은 천천히 손목을 잘리며 생각했다

여왕은 추운 나라를 돌며 갓 난 짐승들의 태막을 혀로 벗기는 노동을 한다지
이건 비린내를 쫓던 아이가 돌아와

숨을 거두기 전에 일러 준 그녀의 근황
숨을 거두기 전까지 아이는 자기가 그녀와 닮았는지를 물었다

길은 온통 날카로운데
납작해지는 봉분마다 여린 식물을 심으며

이제 여왕을 미치게 했던 작은 동물의 죽음을 얘기해 줄까
지붕 위에서 조감하던 소란한 골목과
우리가 사랑했던 여왕의 젊은 시절을

묵인

 아직 젊었던 술집 여자의 등을 당신께 보냅니다 그 등에서 참았던 내 겨울도 보냅니다 나를 아들이라 부르던 손님들의 택시비와 이국땅에서 일요일마다 내게 주어지던 몇 푼의 돈도 함께 보내지요 나는 꼭 저금을 하는 기분입니다 당신이 남기고 간 기록들을 한 줄 한 줄 짚어 봅니다만 아마 실수로 빠진 내 이름이 오늘도 없습니다 요즘 당신은 통 편지를 보내지 않지요

 어릴 적 공터에 뛰던 플라스틱 말들을 당신께 보냅니다 그 위에서 견디었던 내 예감도 보냅니다 먼 나라에서 한 번 당신을 본 적이 있지요 새벽이었고 당신은 내 가슴을 열고서 울기만 했습니다 결국 유사한 아침을 맞이하며 나는 사과나무 사이를 뛰어다녔습니다 종종 나무의 배후에서 당신을 봅니다만 그것은 비밀에 부칩니다 나는 말을 못하는 일에 익숙하지요 사랑하는 사람들은 나를 금방 비밀로 삼았습니다

 당신 것을 당신께 보냅니다 당신은 아무리 짊어져도 무거울 리 없지요 봄이면 문설주에 피를 발랐다는 동화처럼 행

운을 위해 가족들이 당신을 찾습니다 안부를 물으며 모두가 붉은 손으로 뛰어나오는 골목 나는 잠잠한 아침입니다

이사

일상 집들이 흔들리는 것을 봅니다
모든 가족에겐 아이가 필요합니다
엄마는 재혼을 포기하셨지요
집을 바꾸고 학교를 아빠를 바꾸는 일
뭐 대수라구요
낯선 장소가 그립습니다만 언제나처럼
다락방 하나 긴 마당이 하나 그리고 공터로 이어지는 골목길이 하나
다락방에는 가족들이 꺼리는 사진과 내가 있습니다
긴 마당에서는 밤마다 나무 사이로 자전거를 타야 하고요
공터는 들어가는 곳이 아니라 피 묻은 아이들이 뛰어나오는 곳
이번 공터도 엄말 닮았어
나에게 짖던 강아지들은 쥐약을 먹고
놓아기른 병아리들은 식탁에 올랐습니다
곧 떠날 동네에는 작은 무덤이 남고 우리는 다른 집을 찾습니다
나무가 꺾인 자리

불모의 터에서는 왜 같은 냄새가 날까 이사 갈 때마다
내 살갗 위로 눈알이 하나씩 늘어야 합니다
가까이서 냄새를 맡는 건 천박한 짓이야
자꾸만 혀로 입술을 핥지 말래두?
버릇이 없어 나는 해변으로 자주 보내졌습니다
엄만 죽어서 인공위성이라도 될 테지요
가족들 무덤 위에 말뚝이라도 심어 두려구요
친구를 만들지 않는 일이 코 막고 연애를 하는 일이
뭐 내수랍니까 나는 인목이 재주를 초괴히는걸요
낙서 같은 조감도는 묻어 두고 짐을 꾸립니다
손금이 복잡한 손은 깨지기 쉽습니다

푸른 옷을 입은 여자

기상한 이웃들은 잊는다
새벽부터 푸른 옷을 입은 여자를
비어 있는 건널목처럼 보였든
잘 뒤집히는 발바닥처럼 간주되었든
여자는 방문 중이다

오늘은 남자 몇이 침묵하고
불쑥 순결을 믿지 않고
맨손을 반성했다
뒤에서 아름다워
애들은 배운 대로 침을 뱉는다

몰래 나와 가자 —
너의 갈빗대 아래 내 두 팔을 깊숙이 찔러 넣고

이웃들은 유별난 간격을 증오해
아빠들은 태어나지도 않은 제 아이를 무고하고
어젠 더워서 그랬어요 엄마들은
여자와 삼거리를 굳이 혼동했다

어쩜 내일은 푸른 옷을 입은 그녀가
태양을 똑바로 쳐다보며 질질
바다를 끌고 나타날지도 몰라

종교를 모르는,
맹인 여자와 자는 상상을 하고 있습니다

가령 동네 한가운데서 그녀를 탁탁 태운다면
화목한 남자들은 일터로 돌아가고
방심한 부인들은
언제 자식을 낳아도 좋을 것 같은 기분
잘 엎드리지 못해서 고민이에요
아들딸들은 일찍 이런 대답도 배운다

검은 풀은 묘지에서 자란단다
누구 무덤을 위해서?
이건 옆 마을로 떠나며 조금 더 파래진 여자의 질문

유전

어렴풋해 무엇이든
무척 인상(人相)처럼 보이는 저녁 운동장이었다.
수탉들이 불쑥 물구나무선 사람 얼굴을 하거나
바닥에 흘러내린 국기가, 바람 속에서 제 팔만 한 고무호스를 휘휘 돌리는 아이를 닮았거나 하는 식으로.
귀신은 제 이름이 기억나지 않을 때만 자기 정체를 안대.
사육장과 게양대 사이에 앉아서 나는 이 이야기를 지어냈다.
흔히 돌아보지 말 것과
사람처럼 보이는 걸 신뢰하지 말 것.
어둠 속에선 사람도 사람을 악착같이 닮고 있다.
나는 내력과 조짐은 믿지 않지만
환절(換節)을 가늠하는 체온과
작명소에서 일러 준 내 각별한 호칭 정도가
당장의 실마리였다.
모든 신기한 일이 내 속에 있다.

우주에서 날아왔다고 여겨지는 돌을 가졌었다. 구멍투성이 그걸 주머니 속에서 만지며 학교에서부터 걸어오면 나는 날이 밝았을 때 스스로 떠올린 새롭고 무서운 별명과 재빨리 비슷해졌다.

조립의 방

 잠들기 전에 지어내는 기발한 운세가 있습니다 빈 몸속에 새를 키우던 기억과 목을 맨 여자의 길어진 꼬리뼈를 만지는 꿈도 있습니다 두 귀를 막으면 눈이 멀고 정오엔 나가지 않습니다

 새로운 친구와 누웠을 때 천장으로 문이 난 방을 상상했습니다 옷을 차려입고 빈 벽에다 여행지를 그리는 외출 그런 방이라면 죽지 않는 애인이 돌아와 자기 입속에도 새를 처음 넣겠습니다

 집의 본성은 내가 반짝이는 물체를 숨기는 지하보다 밤마다 두꺼워지는 지붕에 있습니다 엎드리는 건 오직 은밀한 조립을 위한 자세일 것 한 손으로 해를 가리며 희미해지는 세계가 아름답다고 생각했습니다

 숙면과 높이를 견디지 못해 이웃들이 눈꺼풀을 베어 냅니다 내가 나한테 들려주는 거짓말이 미래엔 잊지 못할 장면이 되겠습니다 완벽한 나신들의 비행이 창을 흔드는 밤

나는 대꾸처럼 침대를 두드리고 내가 부상하는 방식을 기록하고 있습니다

운동장

귀가 시간이면 변기처럼 질린 얼굴들이 코를 막은 채 비명을 질렀고 선량한 애들은 길어진 팔을 끌며 그날의 가장 붉었던 건물로 돌아갔다.

나는 울타리를 넘으려 하는 모든 자세에 유의하였고, 내내 달릴 수 있었다.

벽은 오해받고 있다.

날 때부터 주글주글한 내 주름이 중력과 침입을 운 좋게 견디던 때 담장 밖으로 내몰렸던 목소리들의 마지막 꼭 극(劇)처럼 보였다.

죽은 손들은 지금부터 색이 검다, 연기나 구름 따위로 여겨지는 그 손들이 우리의 배치를 멋대로 바꾼다, 같은 이야기가 전래되기 전부터 나는 새까맣게 그을린 하늘 사이에서 아래를 힐끔거리는 눈동자를 마주 힐끔거리며 자랐다.

사람은 사람을 이상하게 만지네. 영험으로 믿었던 소리들은 내가 육체에 골몰하는 무대의 외부에서 옛날부터 이렇게 흐느꼈다.

아무렇지 않게 한쪽인 귀,들은 듣는다.

아무렇지 않게 제 몸의 절단면을 빡빡 긁어 대는 불구들의 꿈속,

창틀마다엔 빨개진 아이들이 매달려 전단지를 뾰족하게 접어 날렸다—두 무릎이 붙지 않는 휘어진 다리를 가진 소녀의 아름다운 성기는 병들었습니다.
하지만 끝과 끝이 벌어지는 보법(步法)도 있어.
담을 넘기로 결정했던 몇이 후문처럼 무참히 변색되는 사이 나는 공중과 창문과 재활하는 내일에게 쭝쭝 팔을 흔들었다.

태몽

 기울어진 벽을 넘었습니다. 주름진 구름이 묵은 발톱을 털어 냅니다. 피가 고인 벌판, 귀를 대고 어떤 소문을 들었을까. 차마 둥근 발이 떨어지지 않았을 겁니다. 바퀴 소리가 나면 마지막을 준비해. 언니의 쪽지를 주웠습니다. 비린 바람이 불고 코끝이 빨개집니다.

 급히 뛰지 마세요. 손발이 더 자랐으면 좋겠습니다. 지나간 날짜를 지우는 게 일과입니다. 맨발에 차이는 살점들 아직 따뜻합니다. 생은 제비뽑기 같은 거야. 또 다른 언니의 쪽지입니다. 발끝에 힘을 줍니다. 이쯤에 내 무릎을 묻어야겠습니다.

 육식을 삼가세요. 악몽이 전염될지 모릅니다. 결심이 선다면 침대도 준비하세요. 나는 수평이 간절합니다. 밤낮도 없이 붉기만 한 세계, 견디는 게 만만치 않겠습니다.

 대신 귀신을 보는 유년도 좋습니다. 입술을 맞대고 기억이나 나누겠지요. 찬바람을, 고양이를 조심하세요. 가슴이

불고 목뼈가 간지럽습니다. 한 개의 입*으로 우리는 문을 나서고 싶습니다.

---

* 그리스 신화 속 세 자매 그라이아이(Graiai)는 태어날 때부터 백발 노파였다. 아틀라스 산맥 동굴에 살았으며, 그들은 하나의 입을 서로 돌려 가며 사용했다.

어쩌면

　내게 고요를 청했다면 어땠을까 따뜻해서 무서운 등짝 말고 차비 말고 추우니까 조심히 가라, 내 옷깃 한 번 세워 주었다면 이불 아래를 뒤지는 청소 말고 내 방문 조용히 잠가 주었다면 나는 웃고 싶지 않았는데 간지럼 말고 칭찬 말고 나는 거짓말하는 것만큼 몸이 붓는 게 무서워요 부어오른 건 단단하고 굵어요, 말했을 때 질리지도 악수도 말고 그렇게 자라라, 머릴 깎아 주었다면 코가 기다란 새 구두 양 두 마리 노는 목도리 말고 하얀 종이 한 장만 펴면 세계가 참 좁았던 날 칼로 뾰족이 긁은 연필 하나 내 귓등에 얹어 주었다면 여백마다 빽빽이 적은 내 이름 딱히 미워할 사람 떠오르지 않아 잠이 많았고 나는 길몽을 감추는 습관이 생겼는데 늙은 가족들은 곧 죽을 것인데 엿보는 거 냄새 맡는 거 말고 통성기도하는 거 말고 어쩌면

오늘의 편지

손톱이 깨지면 아침이 와요. 야구공이 무서워요. 요즘도 나는 발야구를 해요. 오른발잡이 1번 타자. 동생이 의심해요. 당신이 내 어머닐 닮았대요. 발각되면 이별을 고할래요.

청첩장을 받았어요. 슬슬 취직도 하려고요. 나는 집주인을 이모라고 불러요. 죽어 버리겠다던 당신이 멀쩡해요. 내 친구는 전처럼 자기 사촌을 사랑하고 있어요.

1루 주자가 2루 주자를 앞질러요. 몇 명쯤 남아도 괜찮아요. 나는 진지하게 오른발 축구화를 신었어요. 어젠 여자 친구가 아이를 지웠어요. 반지를 팔아 같이 광어를 먹었어요.

한겨울의 결혼식. 비슷한 얘기가 있겠지요. 치매증 할머니가 당신을 기억해요. 내일은 홈런을 치려고요. 수염이 난 건 나 혼자뿐이에요. 나는 기도원으로 곧 여행을 떠나요.

겨울이 무서워요. 야구공처럼 그래요. 부업(副業)이라도 배우려고요. 야전하다면 무엇도 괜찮아요. 2번 타자도 괜찮아요. 다시 당신도 괜찮아요. 더 추워지면 미리 병원에 가려고요.

전보

1979년 5월 28일 오전 5시 발신
母
구멍 잘 파는 아이 낳음. 水中戰. 얼룩말처럼 입은 심판이 안주머니를 만지작거릴 때 진통 중 딸기 트럭에 실려 병원에 도착. 아들, 돌아오라. 트럭은 무사하다.
골목이 눈부시다. 그림자를 아이의 울음이 지운다.
어제는 소문으로 아이 이름을 들었다 — 고래. 해변. 다리 달고 육지로 도망친 짝을 좇다 해변에서 죽은 고래. 그 고래가 남긴 해변.
아이는 고민 중. 가랑이에서 익사체의 악취를 풍기는 중.

1999년 희미한 무엇이 보이는 아침 발신
子
구멍이 남아 있다면 거기 머리를 넣고
엎드려 있으라, 누구든 엎드려 있으라.*

2000년 5월 28일 오전 6시 접수
딸기
손발이 완전히 자란 것은 얼마 전이다. 이 골목에서 살아남은 모두가 하나같이 빚을 졌다. 그늘, 그늘의 비명에게, 그늘진 비명을 싣고 가는 트럭에게.

  머리를 초록색으로 물들이고 밤이 되면 붉은 오토바이를 탔다. 엎드린 여자를 사랑하는 버릇이 생겼다.

  서로 표정을 볼 수 없는 자세가 편해요. 그렇게 자랐어요.

  아무도 묻지 않을 때 나는 이름을 말하고 번쩍 손을 든다.

1979년 5월 31일 오전 5시 발신
유령 3
  나는 무사하다. 유령 1, 2는 숫자를 거꾸로 세다 죽음. 장례식은 쓰레기통에서. 죽은 유령들의 손톱을 보내 경고한다 — 굴삭기처럼 사고하라.

  당신 어머니는 불 꺼진 부엌에 홀로 앉아 무슨 아이를 부르고 있다. 나는 당신을 보는 중. 숨을 참는 중.

* 기형도 시에서.

누가

내 엎드린 자세 뒤에서 밤이 야행성을 단련한다
고백도 없이
나는 도대체 무엇인가
무서워하려고 검은 개는 구석에서 주인의 발을 빤다
자기보다 더 짙은 걸 빤다

2부

싸움

강함은 보이지 않는 곳에 있다.
비좁은 보행로를 걸어가는 권투 선수의
펼쳐진 왼손처럼, 건널목에 서게 되면 건널목만을 생각하는 머릿속처럼
무심하고 고양되지 않는다.
눈빛이 마주칠 때 무서운 건 무엇인가.
실제로 아무런 싸움도 나지 않는데

이렇게 등을 돌리고 누우면 강함은 너의 침묵 속에 있다.
고요함은 나에게 네가 울고 있을 것 같은 기분을 들게 한다.
눈빛이 마주치지 않는데 깜깜한데
내일의 너는 멀고 무더운 나라
낯선 이웃들이 자꾸 인사하는 어떤 문밖에 서서
우리의 침대를 태우고 있거나 그런 비슷한 종류의 모든 문밖에 계속 서 있을 것만 같은.
실제로 아무런 눈물도 흘리지 않는데
앞으로는 너의 교외가 슬퍼질 것만 같은.

어둠 속에서 너에게 나는 웃는 사람인가.
네가 나에게 등을 돌릴 때 나는 너에게 강한가.
내가 주먹을 내지른 공간이 건너편 방의 침묵 속에 쓰러져 있다면
그것의 인내는 언제까지인가.
등을 돌리고 강해지는 우리들.

두려워도 상대의 눈에서 눈을 떼지 마라. 어쩌면 다음을 위한
이런 규칙을 깨야 할 때
사소한 거짓말을 시작할 때 나는
고요한 나에 대해 얼마나 강한가.

작은 사람

　나는 작은 사람의 화장을 경이롭고 부끄럽게 생각했습니다. 불을 끄면 내 아랫배를 쓸어내리던…… 가방에서 꺼내 보여 주던 나무 층계들로…… 아까는 지루해진 풍경이 정오를 털고 일어나 어두운 언덕을 오르기 시작했어. 매일 일어나는 일을 놀랍게 이야기하는 건 작은 사람에게 참을 수 없는 지루함이란 없기 때문입니다. 날카로운 눈물은 손목으로 닦아 낸 한때였습니다. 작았기에 사랑받았던…… 밤새 작은 사람에게 던져진 수많은 꽃들은 아무런 조짐도 알리지 못했습니다. 그저 밤과 낮 사이에서 삐걱거리는 맨발이 어떤 뿌리 같은 걸 가졌다고 여길밖에요. 계단을 오르려고 계단을 만드는 일상도 있습니다. 다섯 나누기 다섯 같은…… 동그란 몸은 작은 사람의 자랑입니다. 내게 손바닥을 활짝 펼쳐 보였을 땐 어쩐지 아무도 그만한 아이를 낳을 수는 없다고 말해 주었습니다. 들판에 눕자 새들이 멀미처럼 맴돌고 있었고 그런 광경은 기억해 두기로 했습니다. 다시 화장하는 모습을 본 게 그때입니다. 처음에는 누워 있는 나와 날개들 사이에서, 그러다 빛나는 날개들 위에서, 결국 높은 언덕의 어둠 속으로 사라지면서도 작은 사람은 화장을 멈추지 않았습니다. 볼을 점점 빨갛게 두드리며…… 떠다니던……

옛날 사람에게

뒤돌아 누운 너의 이야기는
가족과 어린 자신에 관한 것이었다.
나는 네 입술을 만지고 있었지만 사실
단 하나의 들판을 갖고 싶었다.
쓰러져 마지막 풀을 뜯고 있는 발목 잘린 염소의
주둥이의 끝을 지평선 방향으로 틀어 주며,
이런 건 나쁜 생각인가.
울지 않는 게. 나쁜 생각을 말하지 않는 게.

빛과 푸른색이 쏟아지는데 너의 이야기 속엔
출혈,
조용한 바라봄,
니 부모의 멋쩍은 젊음 같은 게 있고
끝내 답하지 않는 나에겐
풀을 씹는 고집이 가능한가.

누워서 나는 입 주위를 털고 있다.
옛날 사람의 이야기를 듣고 있다.
어린 너와 내 나쁜 생각이 함께

발목을 걷어 올리고 다투거나
빠른 들판을 건너고 있는

죽어 가는 산드라

산드라는 자신이 더 살아야 할 이유를 떠올리며 버티고 있었다. 멍청한 의사. 그는 산드라가 애스배스카호로 봄 소풍을 떠나는 이웃들에게 손을 흔들어 주며 눈을 감을 수 있을 거라 장담했지. 지금은 막 겨울이 시작되었을 뿐인데.

그녀는 모친이 죽기 일 년 전부터, 병상 위 늙은이를 아이 취급했었다. 단지 엄마에게 죽음이 임박했다는 점 때문에. 지금 산드라는 남편의 나긋나긋한 목소리를 들으며 절망적인 모욕감을 느낀다. 죽음의 고통으로 인한 귀 막힘이나 침 흘림이 병자의 정신까지 어린애로 만들진 않는다는 거.

그녀는 남편의 방정맞은 웃음의 배후에는, 그것과 맞서는 슬픔이 자리 잡고 있음을 의심치 않았지만……

입안과 콧구멍에 가득한 추위. 벽난로 옆에 앉아 "오, 귀여운 것!"을 연발하던 남편은 검붉은 기저귀를 들고 거실로 나갔다. 그는 지난 몇 달간 그런 일들을 해냈고 산드라에게는 꿈처럼 희미한 시간이었다. 남편이 밑을 닦을 때마다 그것을 느낄 수 있었으나 그 사실을 똑똑히 인식할 순

없었다. 굴러가는 단풍잎처럼 자기로부터 하체가 멀어지는 기분.

또렷한 정신이 얼마나 유지될지 불안했으므로. 최대한 많은 것들에 대하여 사고하기로 마음먹었다. 그럼에도 산드라는 자신이 아까부터 같은 생각만을 반복하고 있음을 알았다. 남편. 남편이 끓이는 시럽의 냄새. 그와의 증오스러웠던 만찬들. 자부심, 가벼움을 가벼움으로 치부하지 않는 걸 지혜로움이라 생각했던

자신의 과묵함을 증오하며 산드라는 계속 죽어 가고 있었다.

외계인

 사랑하는 사람들이 사랑하는 사람들에게 쓴다 모든 정각의 2분 전에 대하여 아주 뚱뚱한 남자가 보내는 느린 계절과 폭발 전에 몸집을 줄이는 별들에 대하여 섬광을 향해 팔 흔드는 지구인의 내밀한 어깨에 대하여 뒤로 감춘 손에서만 자라는 굳은살이 있다

 비밀단체가 비밀단체에게 쓴다 스스로를 외계인으로 믿는 오기와 왜소한 애인을 향한 애착에 대하여 우리가 죽으면 지구에서 무언가로 태어날까요 그들이 믿는 완벽한 8에 대하여 단체의 낭만적인 기념일과 그날마다 남자들이 떠올리는 작고 동그란 몸에 대하여 덜컥 윤회를 믿고 싶다 허리에 닿는 허리 주저하는 손목에 대하여 몰래

 사람들이 사람들에게 쓴다 눈을 감는 건 밤보다 어둡다 새로운 삼거리에 대한 상상과 벌써 수축하는 동공에 대하여 우리의 혹성은 백과사전을 짚는 손가락과 고칠 수 없는 해안선 사이에 있다

두 사람에게

우리 둘이 행진한 날
까만 얼굴 까미유는 죽었을 테고
그의 것이 되어 버린 깊고 긴 복도를 걷다
서로의 손가락을 깨물며, 우리는 괜찮아?
꼭 물었을 테고
수많은 손뼉들 흩날리는 색지들 까만 얼굴
까미유의 장례식
가지 않았는데 나는 우리 몰래 펑펑 울었다
가 보지 않았는데 유리 속 얼굴이
창백할 것만 같아서
마음껏 옷을 벗기고
서로 손가락을 깨물며 우리는 남아서 친밀해지겠지만
까미유는 까만 얼굴 너희의 머릿속엔

해산

밤마다 콧등이 간지러워서 악몽은 긴 머리카락을 가졌고 나를 내려다보고 있다고 믿었다
오늘은 니 샛노란 머리칼조차 네가 진지하다는 인상을 뒤집을 수 없겠다는 생각; 내가 지겨워지면 애인은 어제보다 깍듯한 인사를 하고
너는 너의 방에서 다음 날에게 들려줄 새로운 말만 연습하고 있겠다는 생각

그래야 하는 것만큼 슬프지 않아서 우리는 지운 아이에 대해 말하지 않았다
식탁 앞에서 헛구역질하는 꿈이 검은 비닐 안으로 쏟아지고
어둠 속에서 앉은뱅이 소녀들은 밟아 보지 못한 들판을 창밖으로 버리고
그런 들판은 그 위에 서는 사람을 달리게 한다 맨발 아래 터지는 곤충들의 색을 조롱한다

떠나는 사람과 다가오는 사람을 구별할 수 없는 먼 거리가 있다 안경 도수를 높일 때마다 풀빛은 점점 선명해졌지

만 나는 풍경에 대해서 계속 나빠지고 있었다
 눈을 비비며 잎이 가지에서 떨어지는 순간을 본다
 침 뱉듯 공간이 버려지는 순간을 본다
 지난여름 두 손에다 빗물을 모았고 화요일쯤엔 너의 코밑으로 내밀고 싶은 침묵이 있다 그 손바닥 위에 쌓이는 눈의 평원이 있다
 배를 쓸어내리며 우리는 헤어졌지만

 오늘은 네가 여선히 슬픈 기분일 서라는 생각; 네가 언습한 말보다 너의 다음 날이 더 궁금해지고
 너는 방에서 머리를 기르고 나는 콧등으로 떨어지는 간지러움을 기다린다는 생각

돌이킬 수 없는

똑같은 아침이었다 무서운
말을 장난처럼 할 수 있을 것 같았다

의사들은 어렵다고 했다
계속 어렵다고만 했다

우리는 이불을 뒤집어쓰고 울었다
우리는 얘기를 더 나누고 점심을 사러 나갔다

조금만 방심하면 저녁이 왔다
그러면 아침이 왔다

너에게 건강하라고
너에겐 좋은 일이 있을 거라고 했다

의사들은 계속 어렵다고만 했다
계속은 어렵다고 했다
우리에게 좋은 일이 있을 거라고 했다
너에겐 숫자를 거꾸로 세라고 했다

눈을 뜨면 밥 먹을 수 있다는 게 이상했다
결혼을 하고 아이를 낳았다
의사들은 더 좋은 아이가 있을 거라고 했다

이불을 뒤집어쓰고 울었다
얘기를 더 나누고 헤어졌다 계속은 어렵다고
우리에겐 좋은 일이 있을 거라고 했다

마닐라에

화물차 운전사의 캘린더는 불타는 8월. 사진 속 금발을 검게 덧칠해요. 페달 위에 발처럼, 옷걸이처럼 외롭대요.

여자를 사랑했어요. 쉽게 다락방에서요. 발가벗은 등짝에다 새로운 여잘 그릴래요. 돌아누운 그녀와 하나도 닮지 않은. 지겨우면 함께 마닐라에 갈 거예요.

크리스마스이브의 저녁 거인증 파이터는 링에 섰어요. 부끄러움을 잊으려고, 잠시 작아지려고요. 잘 모르는 여자들이 소리를 질러요. 사랑이에요.

혼자 돌아올 수 있어요. 안에서만 밖이 보이는, 창문이 작고 깜깜한 방에요. 겨울엔 운전사도 거인도 비행기를 탈 거예요. 마닐라에 갈 거예요.

도화지에 삐뚤빼뚤 그린 얼굴. 증명사진으로 쓸 수 있어요. 번지지 않으면요. 첫사랑한테 보낼래요. 벽에다 상징적으로 고래 한 쌍을 그렸어요. 작별을 참을 수 있어요.

고백할 수 있어요. 무척 늙으면요. 바다를 건너지 못할 만큼. 어쩔 수 없이 사랑이에요. 요즘엔 글을 써요. 마주 앉을 때 불편한 꼬리가 낭만이라는.

거의

 아이를 지우고 앉았네 비밀을 나누려고 의자에 앉았네 의자에 앉아 나눌 얘기를 생각하려고 의자에 앉았네 여름은 의자로 향하는 길을 따라 수많은 침엽수를 세우고 나의 얼굴에 거의 슬퍼 보이는 그늘을 드리웠다; 우리만 남으려고 의자에 앉았네 부끄러웠던 일을 하나씩 말했네 너 한 번 나 한 번 의자에 앉았네 셋을 조롱하며 서로의 침묵을 조롱했네 언제든 일어설 수 있는 의자 위의 휴식이란 그런 것 뜨겁고 거저 받은 한 줌이란 그런 것 여름은 의자를 두고 돌아오는 길을 따라 수많은 잎을 떨구고 낙엽 밟는 걸음을 거의 슬픈 소리로 만들었다; 나란히 앉았네 앉기 전에 키스하고 앉아서 키스했네 행진을 상상하며 결혼을 약속했네 시끄러운 젊음을 업신여겼네 여름은 매년 같은 소리를 들려주었다 의자에서 의자로 난 길을 따라 수많은 창문을 던졌다; 의자에 앉았네 모든 여름을 거의 의자에 앉아 보냈네 의자의 그림자 속에 마주앉아 손잡은 아이들을 보네 거의 슬퍼 보이는 한 줌의 여름을 보네

온전함

너의 개방성과
나의 답답함이 좋다
우리의 놀이는 꽃잎으로 입술을 치장한다
나는 또 나를 바라보는 게 좋아
진지해져서
걸어가는 사람에게
떠나는 일에 파란 무릎을 달아 주는 일이 좋다
문지방 위에 놓여 깜박이는
소용한 눈처럼
쏟아지는 시야를 생각한다
정전기가 맴도는 사소한 쇳덩이의 내부
네가 천천히 뻗는 손
장난으로 가득 찬 우리의
놀이는 부목을 황금으로 칠하고 있다
너의 비스듬함;
우리가 나를 속였다고 믿는 것 베란다에 기대어
니가 엉덩이를 빼고 해안선을 조금씩 밀어내고 있다는 것

개들의 밤

 간유리를 지나 방 안으로 출몰하는 빛은 누운 사람에게 천장을 새삼스럽게 만든다 자식을 낳으면 더 오래 사는 기분입니까
 어두운 곳에서는 끊임없이 누군가 키스를 한다 끊임없이 누군가 오줌을 눈다
 골목을 빠져나가는 비명이 들린다면 어떤 사람은 자기만을 쳐다보던 짐승을 견디지 못했다는 것 그가 사라진 방향으로 짐승의 목은 어둠 속에서 계속 자란다는 것

 빛으로 다가갈 땐 똑바로 걸을 수 없다
 기계는 어두운 곳으로 불빛을 낸다 그쪽으로 행진하는 자들을 낸다
 오늘 한쪽 눈을 가리고 내일은 그 반대쪽의 세계를 가리듯이
 언젠간 낮에서 밤으로만 걸어가는 아이를 낳을래 제 그림자 같은 건 사랑할 수 없는
 이런 나를 반복할 수 없고 하나의 연인만을 가질 수 있는

 당신과의 전말은 다음과 같다; 가로등 빛 아래서 더러운

물을 핥으며 욕망하는 검은 개들을 보았습니다 그런 밤이면 우리는 서로의 가슴을 입속에 넣었지만 아무도 심장 뛰는 소리에 밤새 귀를 기울일 수는 없습니다

너의 왼쪽 눈에서는 비가 내렸고 내 오른손 바닥엔 차가운 결정이 쌓였다

개는 슬프지 않다 개는 그럴 때 주먹을 쥘 수 없다

메리의 호수

검은 하늘이 온통 무너져 내리는
호수 투명한 물에 비친 얼굴은
잔잔한 물결이 일어 긴 머리칼을,
반짝거리는 달빛 때문에 황금색 목순(目脣)을 가졌다 오직
나만 사랑하는 저 왜곡된 자를 보라
버려졌다고 생각되는 약속은 내 모든 모습을 더러운 애인으로 바꾸었다
내가 왼팔을 들면 오른쪽을
천천히 들어 올리는 저 고요한 흔들림이야, 무슨 인정이 있겠나
날 바라보는 사람을 바라보게 되는 이러한 액(厄)을
그저 눈부시던 정오로는 건널 수가 없다

작은 섬
— 상부

작은 섬은 달리지 않는 말을 키운다.
울타리 바깥의 폭소나
해변으로 뛰어가는 여객에 홀리지 않는 말을,
자기 죽음을 사유하지 못하는 노망든 주인의
누런 이를 핥으며 주인이 낳은 어린것이 손가락질할 때
제 음부를 가리지 않는 말을,
한밤 섬의 지름처럼 적요한 말을,
무분별한 기쁨을 누리는 어린 연인의 외출과
신앙을 잃고 어두운 바닷놀에 이별을 구도하려는 산책을
차별 없이 응시하는 말을, 지나간 시절의
초라한 구유 안에 머리를 넣으며
애욕을 잃어 가는 과년한 처녀의 노래로 잠드는 말을,
새끼들의 건강한 다리를 혀로 쓸어 주는 말을,
근해를 압도하는 우레에 아연실색하지 않고
심해를 건너 육지로 달려 나가는 선잠의
유유한 검은 눈동자로 풀을 씹는 말을,
바다를 침범하는 검고 흔들리는 섬의
달리지 않는 말을.

탈출기
— 하부

*

아내를 두고 온 건 기쁘지도 슬프지도 않다.

*

섬에서는 모든 것이 버려졌다.
섬에서는 매일 어제보다 더 아름다운 것이 난다.

*

광장에서 회의가 있었어. 병이 돌았거든. 모두가 탈 수 있는 배를 만들자, 바닥 가득 말린 고기와 술을 싣고 섬을 떠나자, 내 의견이었지. 근데 이 미친 여편네가……

힘을 모아 섬 한가운데에 까마득한 층계를 만들어요.

희박함이 인간을 지켜 준다나? 희박함? 인간? 놀라운 건 백 명 섬사람 전부 환한 표정을 지었다는 거. 그때 결심했지. 무지렁이 섬이여, 안녕.

*

섬에는 단 한 폭의 그림을 위한 물감이 남아 있었다.
한 노인은 꽃을 그리는 화가였다. 꽃 앞에서
아무것도 그리지 못하고 죽었다.
섬에서는 매일 어제보다 더 아름다운 꽃이 핀다.

*

한밤 남자들이 바다로 배를 민다.
선초로 덮인 삭은 배를
향유와 오줌 냄새가 뒤섞인 작은 배를
버려진 약속이 침묵의 목을 누르는 작은 배를

*

아내를 점점 혐오했다. 섬의
 새로 태어나는 딸들은 이전에 태어난 딸들보다 언제나
아름다웠다.

*

이상하지 않아? 섬에는 꼭 백 명쯤 산다구.

*

정오가 되면 두 눈의 고름을 닦으며 병자들은 꼭대기로 사라졌다.
산발한 머리칼을 묶고 턱을 떨며
빛과 추위를 향해 나아갔다.

*

아내는 기도하는 암말 같더군. 취해서 방에 들어서니 벌거벗은 채 엎드려 있는 거야. 옆집 딸들에 비해 턱없이 볼품없는…… 밤이었고…… 어쩔 수 없었지.

일 년 만이에요 —
일 년 만이에요 —

그때 결심했지, 무지렁이 섬이여, 안녕.

*

버려진 약속이 침묵의 목을 누르는
작은 배를, 한때 여왕이었던 아내들

시체가 담긴 작은 배를

*

정오의 구경거리가 되려고 아내도 층계를 올랐지. 향유와 고름을 닦으며 빛과 추위를 향해 나아갔다. 마음에 걸리는 건…… 내가 떠나던 그날까지
내가 누우면 그녀는 화폭을 펴고 그림을 그렸다.

*

병이 그치자 남은 자들은 층계에 불을 질렀고 밤의 끔찍하게 아름다웠던 불빛이 섬의 시간을 순식간에 흐르게 했다.

*

이상하지 않아? 섬에는 꼭 한 폭의 그림이 남아 있다구.

누가 잠든 남자를 그렸을까.
누가 이런 섬을 사랑했을까.

토르소 애인

 너를 떠난다면 나는 많은 다리를 낳는 사람이 되고 그것들은 무더운 계절 내내 방 안을 뛰게 될 것이다 너의 어깨를 흔들며 약속했다 다신 내 왼손과 오른손 사이에 나를 노엽게 하려는 그 어떤 얼굴도 가지지 않을 것이다 또 수많은 얼굴들이 창밖 가지에 매달려 흔들리고 있다 구멍마다에 날벌레를 키우며 겨울을 향해 잎사귀들을 날리고 있다 눈이 비스듬히 내리는 언덕 낙목(落木)이 담긴 화폭에 단 한 장의 휘날리는 활엽을 그려 넣으려고, 그것을 구경하는 노년의 눈빛을 초록빛으로 칠하려고

 너를 떠난다면 나는 다리를 낳는 사람이 되고 그것들은 추운 계절 방 안에서 가랑이를 벌린 채 떨게 될 것이다 너의 어깨를 흔들며 약속했다 다신 나의 양손으로 나를 내려보려는 그 어떤 얼굴도 쥐지 않을 것이다 차가운 기후들의 날카로운 사이를 몇십 년 동안 걸어온 낡은 사람들은 두 손에 신발을 들고 너의 문 앞에서 단 하나의 발을 구걸하겠지 그들은 발가락 사이 하얗게 슬어 있는 알들을 더러운 신발 속에 턴다 걸을 때마다 곤충 소리가 들려야 했던, 언덕 위에서 여름을 향해 구르던 날들이 거절당할 것이다

남겨질 여자에게 남김

질통에 긴 머리칼은 담그고 네가 소란함을 씻는 동안
교역자의 임무는 조용한 식물들을 태양 아래 심는 것

퇴비로 죽어 가는 말의 눈동자가 빛 속에 떠도는 먼지를 좇는다
마을 밖으로 우리는 오직 달리는 가운데 기도했다

혼자 아름다워서 너는
버려진 모든 창밖에 쪼그려 앉아 묽은 창공을 누고 있다

3부

이염(移染)

몸을 하얗게 닦아 주더니 다리를 건너라
내게 말해 주었네 추운 날이라며 주머니에 재를 담아 주고
떨어지면 온통 별뿐이라며
난간을 날카롭게 갈아 주었네
작업대 위에 누워 꿈을 꾸었지
내가 키우는 나무는 눈을 맺고
나는 벽을 따라 걷지 않는 소녀일 것입니다
그들은 횡홀한 고집이 되어 달리며
내 모든 구멍을 기워 주었네
아무것도 쏟지 못해 점점 뚱뚱한 사람이 되고
뚜벅뚜벅 심해를 건너면
처음 만나는 이에게 묻거라
부력을 버틴 니가 어떤 몰골인가를
사나운 태양의 목줄을 풀어 주며
나의 아래를 쓿어내리며 이 모든 걸 일러 주었네
잘 닦은 여자들을 재봉틀 위에 눕히며
비명이 바꿀 수 없는 일들을 말해 주었네
구멍이 조금씩 열려 작고 평범한 남자가 되어도

밤의 마음을 잃지 말라고
혓바닥이 까매지도록 애인의 머리칼을 핥으며

헌사

 당신의 얼굴은 팔이 몸속으로 자라는 모든 사람을 닮았다 안으로 향하는 손은 심장을 쥐고 싶다 눈 날리는 내 속에도 당신이 있다 검은 발자국이 고일 때까지 눈밭에서 당신은 오래 맨발이었다 돌아서며 빼어 문 혓바닥에서 눈송이는 금세 녹았다 당신도 맨손으로 땅바닥을 파헤칠 수 있다는 걸 잠든 친구 곁에서 낙엽 냄새를 맡을 수 있다는 걸 나는 몰랐다 먼 옛날 당신이 언덕에 심은 나무는 한 치도 자라지 않았다 그대로 더운 무덤에서 걸어 나갔는가 입구를 막았던 바위가 식으면 당신은 나를 만나는가 내가 화분에 키우는 유령들도 당신과 함께 빵을 뜯고 싶다 중심을 만지지 않아도 뜨거운 몸을 뒤집어쓰고 소원해진 손길에 대하여 녹색 태몽에 대하여 이야기하자 당신을 더 닮지 못해 샐비어를 빠는 새벽 나는 언덕길에서 만진 당신의 등뼈를 기억한다 늘어진 살가죽 아래서 그것들은 꼭 등을 찢고 나오려는 손톱처럼 보였다 단 한 번 당신이 물었을 이방인 여자의 유두처럼 보였다

당신 같은 작품

 당신이 좋아 조롱하는 입꼬리, 비뚤어진 그 젖꼭지가 좋아 사해처럼 고이고 악취 나는 물이 좋아 당신이 너무 좋아 글로벌한 당신 유니크한 당신 아무리 밀어 넣어도 닿지 않는 당신 너덜너덜하고 변형되는 당신이 좋아 너무 좋아 나만 사랑하지 않는 당신 양을 치고 불을 피우는 당신 안색보다 차가운 쇠단추를 건네며 나에게 고백하는 당신 내 복사뼈를 씹어 먹는 당신이 좋아 무한히 자기증식하는 당신 여전히 하나뿐인 당신 당신을 닮아서 나도 팽창하고 싶어 살이 찌고 싶어 내 살을 인류의 사타구니에 겨드랑이에 밀어 넣고 싶어 세계적으로 외출하고 싶어 물렁물렁 비대하게 아무도 모르게 사방에 있고 싶어 나를 조루하게 하는 당신 세상에다 나를 중절한 당신 쓰레기통에 내가 유기하는 당신 그토록 광범위한 당신을 뒤집어쓰고 두 손을 모으기, 소파 아래에 숨기, 베이스먼트에서 자위하기 나를 훔쳐보는 당신이 좋아 너무 좋아 다리를 벌린 바비, 태아를 겨누는 긴 고리처럼, 기린처럼, 비행기처럼, 느린 노래를 빨리 부르는 당신이 좋아 이물감이 없는 당신 여기저기 널려 있고 조감하는 당신 좋아 너무 좋아

엎드린 사람

거의 깜깜한 방
바닥을 빈틈없이 덮은 길고 긴 머리칼
침대 위 엉덩이를 불쑥 들어 올린 자세
그것에 주목하는
곁에 선 한 남자는 천장에 닿도록 키가 크다
그는 바닥을 걸어 다니는 모든 것을 경멸한다
화장실에 좀 가고 싶은데
쉽게 지나가지 않는 밤과 침묵
치마를 좀 추키고 싶은데
이런 광경을 성스럽다 할 수 있을까
두 사람을 父子라고 부를 수 있을까

외설

    머리에 검은 비닐을 쓴 키다리가
    치마를 올리고 뾰족한 곳을 보여 주었다
    불결한 입김으로 우리 얼굴을 닦아 주었다
    자기의 타액 냄새를 맡으며 그 키다리는 우리가 떨고 있음을
    자신이 첫 번째 키다리임을 믿었다
    점점 태양이 지지 않는데
    파래진 아이들이 벽에다 등을 붙이고 차례차례 휘파람을 부는 동안
    지겨워진 키다리가
    다 자란 아이들 머리에는 검은 비닐을 씌우고
    이제는 더럽히고 싶은 것들을 말해 주었다
    쓸모없이 아름답기만 한 너희들의 머리는 한때
    그저 소리를 지르기 위해 바닷가로 갔다
    누구도 너무나 많은 기억을 혼자 감당할 수는 없다
    키다리들은 우리를 다시 일렬로 세우고
    제 치마 속을 허락하고
    더 많은 아이들에게 검은 비닐을 씌워 주었다
    자기 얼굴이 궁금할 때까지 검은 것을 버리지 마라

가슴으로 천천히 들어오는 불을 무서워 마라
대낮인데 키다리가 모두의 털을 밀며 구멍마다
굵어지는 제 꿈을 용접봉처럼 꽂아 주었다

아는 형

 무서운 형은 늦는다. 마지막 녀석이 달려와 차렷 자세를 취하고 우리가 하나둘씩 졸기 시작해도 형은 오지 않는다. 그러면 우리는 미래에 대해 이야기할 수 있다. 부주의하게 부모에게서 받은 진귀한 몫을 자랑한다. 꿈을 꾸기 시작한다. 작은 언덕마다 기울어진 집을 짓고 빨간색, 노란색 놀랍고 금지된 색들을 칠한다. 키스를 하기 시작한다. 그러면 우리는 이별에 대해 이야기할 수 있다. 각자의 언덕으로 헤어져 거기서도 서로를 부를 수 있다. 길이 사라질 때까지 온통 풀을 심고, 그러면 그 풀을 먹을 수도 있다. 파래진 입술로 형에 대해 말할 수도 있다. 하지만 한 사람씩은 동네 밖에 서 있어야 한다. 동네를 한눈에 볼 수 있는 곳에서, 언덕과 집들의 그 찬란한 빛깔에 대한 경탄이 공포를 능가하는 곳에 서서. 눈물을 흘리기 시작한다. 그러면 멀어서 잘 보이지 않는 우리 키스와 꿈과 같은 것 따위는…… 파수꾼이 바라보는 전경보다 아름다울 수 없다. 내가 살지 않는 풍경은 나에게 점점 아름다워져. 그러면 우리는 죄에 대해 이야기할 수 있다. 형의 엇갈린 애정에 대해 어쩐지 조금 이해할 것만 같은 감정을 가질 수 있다. 그래도 무서운 형은 온다. 우리가 우리의 행복을 동전 위에 새기기 전에. 구릿빛 얼굴로 주머니 속 납작한 더러움을 만지작거리며 온다.

앉아 있는 사람

앉아 있는 사람이란 약하고 착해 보이는군 죽은 사람이 방 안에 앉아 있다 나는 그의 귀를 당겨 속삭여 주었다 우리는 당신의 대머리까지 번진 검버섯과 함께 당신을 여전히 혐오하고 있으며 사랑받을 만한 게 있다면 당신의 부재로 가득 찬 이 방뿐이라고 그가 티브이 볼륨을 높이네 예전같이 무서운 얼굴을 하고 그가 식구에게 방을 무섭게 만드네 예전같이 젊어진 얼굴을 하고

주격조사

 진행에는 최소한 두 사람이 필요합니다. 둘이 걷고 있습니다. 어깨동무를 하고 친한 사이처럼. 야구 모자를 쓴 한 명이 모자 속으로 사라집니다. 나머지 한 명이 모자에게 말을 겁니다. 모자가 대답을 하고 의견을 내고. 한 명이 모자를 씁니다. 낮이 길어지고 친한 사이처럼.

 두 사람은 더 어두운 밤이 필요합니다. 둘은 만나고 있습니다. 서로를 만지며 어색한 기분을 상상합니다. 야구 모자를 쓴 한 명은 모자 속으로 사라졌습니다. 남은 자는 이유를 알 수 없고 모자는 말이 없고. 그는 다시는 모자를 쓰지 않습니다. 어색한 기분으로 밤은 길어졌습니다.

자매들

1
오빠가 남긴 건 한쪽 귀와 자줏빛 문틈이다
방문객들 앞에서 하필 그의 머리는 향기로운 복도를 구르고 있었다

2
집 안으로 이어지는 행렬은 우리들의 옷을 벗기고 모든 방에서 창을 닦기 시작했다
여긴 미치도록 하얀 녀석들뿐이군
권총을 찬 거구들이 오빠의 복도에서 앞구르기를 하는 동안에도 그걸
무서워하지 않으면 더 무서운 일을 당하게 되지

3
기울어진 사시나무 축대
어둑한 저택 안팎에서 출몰하는 백색들
내부의 삐걱거림
턱을 힘껏 치켜들고 겁에 질린 얼굴의 사진 — 남자가 전력으로 달리던 중임을 알 수 있다

4

 차라리 잠드는 일을 사랑해서 침대 밖으로 사랑했던 꿈을 버리던 방

 바닥에 놓인 새빨간 귀는 모든 소리를 듣고 있었지 훗날 떠다니는 유령들 속에서 오빠는 스스로를 가장 불쌍히 여긴다

돼지머리 남자

날카로운 쿠크리 칼을 든
발가벗은 전사의 춤이다, 춤을 추며
손끝 발끝부터 자기 살을 조금씩 잘라 먹으며
전쟁 없는 시대 고통을 잊으려고 점차 심취하는 남자
물구나무서면 쏟아지는 핏물
어떤 말로 말릴 수 있나 자기를 잡아먹는 오늘을 이루려 그는
누워서 잠자지 않고 제 성기도 만지지 않고 오직 모든 일상을 고통스럽게 만들어 왔는데
이런 게 아니라면 나의 자질은 무엇인가
이런 못난 얼굴에게 가능한 사랑은 무엇인가

기도하는 자

크고 기다란 옹기를 머리에 이고 여자는 궁금해한다 하늘로 향한 내부와 들판의 경계선을 한시도 두 팔 내릴 수 없는 이 정황의 시작을 투명한 귤빛 가운 안쪽이 번들거리는 교창(咬創)으로 수도 없이 얼룩져 있다 연미복을 입은 자가 뒤집힌 중절모 안에서 가위와 새들을 꺼내며 걸어온다 제 옷이 잘리는 동안 여자는 눈을 감고 용기 속 흩날리는 먼지의 심상과 겨루고 있다

들

눈부시기만 한 담을 돌던 시절에 우리는

두 팔을 귀에 붙이고 수평으로 흐르는

연기를 높이 치켜들고

이마가 뜨거울 때까지 노래를 불렀지

우리는 또 멀리 북적대는 어깨들을 향해 조밀한 포신들처럼

힘껏 손바닥을 날렸다

지상에서 그을린 아이들이 쓰러질 때

장대에 매달린 형상은 괜찮을까 이게, 진실일까

올려다본다면 한 번쯤 딱딱해질 것 같았던

광채들 공기와 입 벌린 웃음에 관한 생각들

우리는 돌아가며 빈 유리컵을 들이키고

더 좁은 원형으로 마주 섰다

동생들아 희망은

 동생들아 희망은 얼굴 희망은 밤길 헤어지기 싫어서 애인은 하얀 젖가슴을 내밀며 울상이 되았다 동생들아 희망은 약자에게 혀를 날름거리는 재미 동생들 너희는 좌절의 맛을 좀 아니? 혼잣말하고 싶어 나란히 누운 사람의 수면을 기다리는 기분? 나는 나에게 교훈한다 나에게 교훈해 웃옷에 주머닐 잔뜩 꿰매어 달았는데 가난은 한 번도 결백한 날들이 아니었어 언덕 위에서 함께 열어 보았던 우리의 비밀은 내겐 너무나 배부른 것이었어 희망은 희망을 닮은 종이 상자 그 위에 적어 둔 이름들 비가 내린다 비가 내려 동생들 이 호칭의 유례를 아니? 구토하도록 과식한 다음에야 떠오르는 너희의 굶주림을? 이제 잘 생각나지 않는 사람이 있어 몇 번씩 대문을 열어 본다 남은 저녁을 내어놓고 들어와 실컷 떠들려고 너희 앞에서 너희를 상상하려고 동생들아 희망은 재연 희망은 되짚어 돌아가려던 밤길 넘길 수도 뱉을 수도 없는 음식을 씹으며 작고 무고한 너희들을 방문한다 곧 너희를 방문해

오늘, 미인

눈을 감은 사내의 머리를 달고 바람이 분다 전지전능한 소문이 돌고
여자는 상스럽고 몹시 가려운 표정일 거야
아무도 가르쳐 주지 않았다
소리를 참는 아름다운 얼굴 뒤에서 그 얼굴을 상상할 때
우리는 가족을 견딜 수 있고 기도를 멈추지
오늘은 보물을 팔아 무대를 세우고
산을 훌쩍훌쩍 넘어온 남자들이 무릎을 꿇고
소년들은 기꺼이 숙는다 상상력 때문에
모두 익사체의 얼굴이다
부어오른 목구멍에 서로의 손가락을 집어넣으며
짓무른 뱀들을 게우는 광경이다
장대에 달린 여우(女優)
맨다릴 뒤틀며 높이 들려지고
동공에 시푸른 태양을 박고 눈을 깜박이고 있다
여기까지가 빛나던 축제의 기록
그녀의 이목구비가 흔히 회상될 때
곧 그날의 역전(逆轉)을 기억하는 사람은 없다

사육제로 향하는 밤

꼬리를 갖고 싶은 아이들이 허리에 밧줄을 묶는다.
양탄자 위에서 하혈하는 개가 주인이 흘린 정육(精肉)을 핥는다.
여자들은 밤새 고깔을 다리며
이 집에서 슬픔은 안 된다,
이불 속에서도 안 돼.
마을의 달빛 속엔 온통 팔짱을 끼고 걷는 연습하는 남녀들
이 성기는 만지지 않는다, 죽은 자를 슬퍼하는 자의
혹은 변소에 앉아 죽은 자에게 말을 거는 자의 오래된 곳에는 손대지 않는다.
숲의 어두움이 숲보다 커질 때
짐승을 태우는 연기에 짐승이 굶주릴 때
뾰족한 모자를 쓴 그림자들이 멀리 나무 사이로 나타난다, 모자를 벗어도 뾰족한 머리들이
서로의 정수리를 쓸어 준다. 손바닥에 피를 흘리며 딴 손금을 그으며
저 동네에 슬픔은 안 된다, 아침은 안 돼.
하루는 잠든 사내의 귓속에다

하루는 계집의 귓속에 속삭인다.

언젠가 자식들의 행렬은 숲을 가로질러…… 밝고 행복하기를…… 아이를 가지려고 서로의 귀에 속삭인다, 창밖에 속삭인다.

마을의 무수한 계절이 장례로 가득하다, 온통 기침과 연기 속에

아이들이 허리에 밧줄을 묶는다.

여자들이 고깔을 다린다.

20cm

 떠 있다. 중요한 건 높이가 아니란다. 거짓말은 떨리는 제 목소리에 대해서만, 사내는 소녀의 공포에 대해서만 훌륭하면 족하니까. 부양(浮揚)은 떠 있다는 그 자체로 우수하니까. 어릴 때부터 연습하면 더 어릴 때부터, 더 빨리 부모와 눈높이가 비슷해진다. 방에서 여자 앞에서, 발가벗은 채 조금 떠오른 채 우뚝…… 팔짱을 끼고 내려다보는 쓸데없이 늠름한 널 떠올려 봐. 어떻게 하면 그렇게 뜰 수 있나요? 어떻게 했기에 그렇게 훌륭해졌나요? 우스꽝스럽지만 변기에 앉아서도 높이를…… 정녕 죽도록 사랑했었네…… 그 높이에게 내가 필요할 때까지. 내가 그 높이에만 만족할 때까지.

올라가는 열매

다만 종려나무 숲은 우리가 기억하게 될 풍경이었고
나는 맨발로 나무를 차며 내 발등을 내버려 두었다

집에 돌아간다는 건 그냥 집으로 걸어가는 것이라고
이런 말은 오십 년 후에도 숲을 한 그루씩 흔들 것이다

아무도 하찮은 높이에다 자기를 망치는 슬픔을 달지 않는다
폭우에 장을 열어 둔 검은 방 같은 것을

나를 사랑하는 것 같았던 너를 사랑하던 내
젊음이 하루씩 아름다웠다는 이야기를

자루 속 다뇨증의 여름이 비틀고 있다
감히 꺼내 보지 못한 많은 잎사귀였을 것

더러운 물이 흐르는 자루를 꼭대기에 걸어 둔다
도시에서 열매를 보러 온 노인을 슬프게 하려고

■ 작품 해설 ■

엎드린 메시아의 탄생

박슬기(문학평론가)

피의 문, 운명적 폭력의 원천 증명

구약성서가 전하길, 신께서 애굽을 치실 때 이스라엘 백성으로 하여금 어린 양의 피를 문에 발라 재앙을 면하라 하셨다.(출애굽기 12장 21~23절) 이는 신께서 준비하신 열 개의 재앙 중 마지막 재앙이었다. 위로는 왕의 장자에서 아래로는 천민의 장자에 이르기까지, 애굽에 존재하는 모든 장자를 죽여 신의 위엄을 보이고자 하시는 것이었으니, 여호와께서는 재앙을 내리려고 지나가실 때 피를 바른 문을 보면 재앙이 그 문을 넘어가게 하지 않겠다고 약속하셨다. 말하자면, 피를 바른 문은 재앙을 피하는 일종의 부적이었을 뿐만 아니라, 신의 구원하심을 믿는 증표다. 신의 백성들은 문에 양의 피를 발라, 세계의 죽음과 삶을 관장하는 유일무이한 근원이 신임을 증명했다. 이 문의 안쪽에서 신의 백성들은 안전하리라.

그러나 신께선 결국엔 이스라엘 백성을 애굽으로부터 구해 내실 거였으면서, 어째서 열 개의 재앙을 준비하여 마지막까지 구원을 미루셨는가. 마지막 재앙에서 신의 백성과 그렇지 않은 자들, 신의 주권성을 믿는 자들과 믿지 않는 자들 사이에 어떤 구별이 발생한다. 신께선 아홉 개의 재앙을 보여 주시어 백성들이 믿음의 증표를 보여 줄 것을 요구하신 것이다. "믿고 세례를 받는 자는 구원을 얻을 것이요, 믿지 않는 자는 정죄를 받을 것이니라."(마가복음 16장 16절)라는 그리스도의 말씀이 "살려면 믿을 것이요, 믿지 않는 자는 죽을 것이라"는 버전으로, 먼저 수행된 것이 아닌가? 말하자면, 이 재앙에는 존재가 단순한 생명 이외에 아무것도 의미하지 않는다는 것, 폭력의 최고 단계라 할 수 있는 죽음과 삶의 결정에 존재가 떠밀렸다는 의미가 깃들어 있다.

즉, 피를 바른 문은 구원의 안과 죽음의 바깥을 구별하는 경계선이 아니라, 신의 주권성이 순수한 폭력임을 드러내는 표지다. 폭력이 일반화된 상태에서만 신의 구원은 문의 안쪽이라는 작은 게토에서만 존재할 수 있다는 것, 구원과 생명이 아니라 죽음에 의지하는 질서가 인류의 운명이라는 사실. 말하자면 신의 법의 원천은 폭력이라는 것, 폭력의 원천은 삶과 죽음을 가르는 작은 문에서 튀어나온

것이다.

 이제, "봄이면 문설주에 피를 발랐다는 동화처럼"(「묵인」) 신의 백성들은 문에다 피를 바르는 대신 봄마다 포도주를 먹어 원초적 재앙을 반복한다. 이제 피를 바른 것은 문이 아니라 몸이며, 신은 양의 피가 아니라 자기 아들의 피 때문에 재앙을 내리지 못한다. 그날 신이 죽였던 애굽의 모든 장자들 대신에, 인간은 신의 장자를 죽임으로써 자신의 몸속에 하나의 문을 가지게 되었다. 몸의 안과 바깥, 순수한 경계표지로서의 몸은 이제 신이 더 이상 재앙을 내릴 수 없다는 형식의 증거이자, 신의 처벌이 작동할 수 없다는 형식으로서만 신의 처벌이 존재한다는 것을 드러내는 경계표지다. 그러니 나의 몸을 피를 바른 문으로 삼는 것은 신석 실서의 원천, 그 폭력의 원천을 매 순간 반복하는 것이다. 폭력의 진짜 의미는 무엇인가? 인간은 태어나기 전에 먼저 주어진 속죄로 인해 죄인이 되어 버렸다는 사실, 죄를 면해 주는 법이 사실상 죄를 부가하는 폭력이었다는 것, 이것이 피의 문이 증거하는 인간의 운명이자, 인간이 태어나기 전부터 예속된 운명적 폭력이다.

 김상혁의 시에서 우리가 마주치는 것은 이러한 "문"이다. 문의 안쪽에서 "선뜻 깨어나 아무렇지 않게 목을 내밀"고 "도끼를 든 거구의 방문"(「엎드린다」)을 기다릴 때, 나는 재앙을 피하는 것인가 재앙을 기다리는 것인가. 문설주의 경계에 목을 내밀고 엎드린 '나의 자세'는 오랫동안 신의 백성들이 반복해 온 주술을 또 한번 반복하는 것 같다. 나의 목에서 흘러내린 피가 문을 물들일 때, 이 '피의 문'은 바로 나 자신, 폭력의 원천을 증명하는 메시아다. 삶과 죽음의 폭력에 떠밀려 있는 존재의 상태가 운명임을, 안쪽도 바깥쪽도 없는 순수한 예외 상태에 있음을 보여 준다.

공포의 붉은 골목, 어머니의 産門

그러니 이 시집을 지배하는 풍경이 대부분 성적인 공포와 죽음의 세계라는 것은 당연해 보인다. 도처에 훼손된 시체와 잘린 성기, "부어오른 목구멍에 서로의 손가락을 집어 넣으며/ 짓무른 뱀들을 게우는 광경"(「오늘, 미인」)이 널려 있는 여기는 광기와 재앙이 일반화된 세계다. 가령, 이런 마을의 풍경처럼. "꼬리를 갖고 싶은 아이들이 허리에 밧줄을 묶는다./ 양탄자 위에서 하혈하는 개가 주인이 흘린 정육(精肉)을 핥는다./ 여자들은 밤새 고깔을 다리며/ 이 집에서 슬픔은 안 된다,/ 이불 속에서도 안 돼./ 마을의 달빛 속엔 온통 팔짱을 끼고 걷는 연습하는 남녀들/ 이 성기는 만지지 않는다, 죽은 자를 슬퍼하는 자의/ 혹은 변소에 앉아 죽은 자에게 말을 거는 자의 오래된 곳에는 손대지 않는다."(「사육제로 향하는 밤」) 허리에 밧줄을 묶은 아이들과 피를 흘리는 개가 돌아다니는 마을, 팔짱을 끼고 춤을 연습하고, 고깔모자를 준비하는 마을 사람들이 기묘하게 대립되는 이 마을의 풍경은 살육과 폭력이라는 이 시집의 토대를 전형적으로 보여 준다.

이러한 풍경은 꿈인가? 무의식인가? 혹은 사실인가? 이 풍경 속에 만연하는 성적이고도 기괴한 피의 이미지는 그 어떠한 의미론적 지평에서도 도출되는 것이 아니라는 측면에서 규정하는 일은 불가능해 보인다. 「사육제로 향하는 밤」이 묘사하는 사육제 전야의 풍경을 그려 내는 것은 어렵지 않지만, 이 시에서 사용된 모든 언어의 의미를 추적하는 일은 사실상 불가능하기 때문이다. 개별적인 단어들은 각각의 언술 속에서 문법적 지위만을 지니고 있을 뿐, 충만한 의미로 채워져 있지 않으며 이 언술들 또한 제각기 다른 지평에서 마구잡이로 튀어나와 하나의 시편 안에 뒤섞여 있을 뿐이다.

해석할 수 없고, 규정할 수 없는 이 풍경들은 이 모든 것이 '이상하고 괴이한 것'이라는 분위기만을 전달한다. 정확히 말하면 언술로 드러나 있지 않은 화자가 그렇게 '본다'는 것, 그것을 발화함으로써 실제가 아닌 풍경들을 실제의 것으로 치환하고 있다는 것을 드러낸다. 이 시집의 풍경들이 무엇을 의미하는지는 중요하지 않다. 그것은 원래 그러하기 때문에 그렇게 묘사된 것이 아니라, 그렇게 묘사되었으므로 그러한 것으로 발견되는 풍경들이다. 그것은 이 시의 화자가 부딪치는 모든 세계를 그렇게 받아들이기 때문,

말하자면 기괴한 꿈이나 환상이 아니라 그것이 자신의 일상적 조건이기 때문이다.

"귀가 시간이면 변기처럼 질린 얼굴들이 코를 막은 채 비명을 질렀고 선량한 애들은 길어진 팔을 끌며 그날의 가장 붉었던 건물로 돌아갔다."(「운동장」)에서 묘사되는 학교의 풍경은 병이 퍼져 죽음의 땅으로 변해 버린 작은 섬(「탈출기」)과 다른 공간이 아니며, 이 모든 살벌한 풍경들은 아이들이 자라고 뛰어노는 동네이거나 학교, 집 안이거나 교회이거나 가리지 않고 동일하다. "창틀마다엔 빨개진 아이들이 매달려 전단지를 뾰족하게 접어 날렸다 — 두 무릎이 붙지 않는 휘어진 다리를 가진 소녀의 아름다운 성기는 병들었습니다."(「운동장」)라고 담담하게 말하는 화자의 일상세계라는 것. 그러므로 이 사육제의 밤은 우리의 일상에 숨어들어 있는 어두운 측면들, 아니 바로 그 어두운 측면이 유일한 삶의 조건이 된 세계다. 우리가 태어나면서 귀속되고 자라는 세계 바로 그 자체, 이 "붉은 골목" 말이다.

고요하고 붉은 길의 유래를 얘기해 줄까 여왕이 이곳을 떠나기 전날 그녀는 혀가 잘리도록 온 담벼락을 핥았다
밤새 비명을 따라 하며 아이들은 변성기를 맞았고
장미나무가 자라는 방향은 길하다고 믿었다

(중략)

반짝이는 기억과 가시에 떠도는 두려움 사이

공기를 찢고 빨개진 눈을 비비며 병정들이 태어난다

우리가 무엇을 빚졌을까 늘어진 젖가슴을 그렸던 아이들은 천천히 손목을 잘리며 생각했다

여왕은 추운 나라를 돌며 갓 난 짐승들의 태막을 혀로 벗기는 노동을 한다지

이건 비린내를 쫓던 아이가 돌아와

숨을 거두기 전에 일러 준 그녀의 근황

숨을 거두기 전까지 아이는 자기가 그녀와 닮았는지를 물었다

—「여왕의 골목」 부분

 미친 여왕은 혀가 잘리도록 온 담벼락을 핥았다. 담벼락이 붉은 것은 여왕의 혀가 흘린 피 때문, 늘어진 젖가슴을 그린 이유로 손목을 잘린 아이들의 피가 골목을 적셨기 때문. 이 "고요하고 붉은 길"은 아이들의 놀이터이자 미친 여왕이 지배하던 영역, 그야말로 "피가 고인 벌판"(「태몽」)에 해당한다. "추운 나라를 돌며 갓 난 짐승들의 태막을 혀로 벗기는 노동을 한다"는 여왕은 짐승들의 어머니이자, 모든 아이들의 어머니이다. 말하자면, 골목은 여왕의 産門의 풍경, 아이들이 태어나고 죽는 바로 그 피의 공간이다. "공터는 들어가는 곳이 아니라 피 묻은 아이들이 뛰어나오는

곳/ 이번 공터도 엄말 닮았어"(「이사」)에서처럼 말이다. "나에게 짖던 강아지들은 쥐약을 먹고/ 놓아기른 병아리들은 식탁에 올랐습니다/ 곧 떠날 동네에는 작은 무덤이 남"(「이사」)는 것처럼, 그곳은 가족들의 무덤이 있는 "불모의 터"다. 붉은 골목은 피 흘리는 어머니의 자궁, 우리가 죽고 태어나는 원초적인 공간이다.

그러니 우리는 이 시집에서 '어머니'를 하나의 공간으로 이해해야 한다. 그녀는 피 묻은 아이들이 뛰어나오는 공터, 피로 물든 고요하고 붉은 길. 아이를 돌보고 지켜 주는 모성애 가득한 어머니가 아니라, 아이들이 태어나고 죽는 하나의 공간이다. 우리는 이 어머니의 문에서 빠져나와, 아버지의 집으로 이행할 수 있을 텐데, 아마도 우리는 가도 가도 이 "밤낮도 없이 붉기만 한 세계"(「태몽」)를 결코 벗어날 수 없을 것이다. 왜냐하면, 골목은 세계이자 산문(産門), 그 자체로 피를 바른 문이기 때문이다.

구약이 전하는 피의 우화에서 문의 바깥에 있는 것은 재앙을 내리는 신이었지만, 이 시집에서 문의 바깥에는 "어머니가 숨죽여 웃고 있"(「엎드린다」)다. 말하자면 법이 아니라 폭력이, 아버지가 아니라 어머니가 재앙과 함께 거기에 있는 것이다. 아니, 문밖에 있는 신의 법은 사실은 폭력과 재앙이었으므로 문의 바깥과 안쪽을 구별하는 것은 아무런 의미가 없다. 말하자면, 아이들이 태어나고 자라는 세계가 죽음의 세계인 것은 아이들이 '아직' 어머니의 품을 벗어나지 못했기 때문이 아니라 아버지의 질서 역시 사실은 죽음의 세계에 지나지 않기 때문이다. 구약이 전하는 피의 우화에서 피의 문이 신적 폭력의 일반화된 상태, 법의 폭력적 원천을 증명하는 것이었다면 이 시집에서 피의 풍경은 아이들이 태어나서 아버지의 질서에 편입될 수 있는 과정 자체가 없다는 것을 보여 준다. 언제나 어머니의 산문(産門)의 언저리에서 태어나고 죽는 일을 계속해서 반복할 수밖에 없다는 그 운명 자체다.

우리는 '끔찍한 어머니'에 대한 줄리아 크리스테바의 견해를 참조할 수 있겠지만, 이러한 피의 풍경에 관해서라면 그 견해를 조금 수정해 보아도 좋을 것 같다. 정신분석학에서의 오래된 견해에 따르면, 인간은 어머니와의 행복한 합일을 상실함으로써, 어머니와의 분리를 통해서만 '인간'이 될 수 있다. 인간은 말을 하는 의미의 주체로서 아버지의 질서 속에 편입할 수 있지만, 그것은 동시에 자신의 존재를 상실하는 일이다. '존재를 내어주고 의미를 획득하는 주체'에게 이 어머니란 누구인가? 어머니라는 대상은 내가 의미의 주체가 되기 위해서 잃어버린 것이지만, 동시에 그를 상실하지 않으면 주체가 될 수 없는 대상, 주체의 탄생과 죽음을 동시에 매개하는 존재다.

이 시집에서 어머니가 공간으로 드러난다는 것은 이 주체가 처해 있는 딜레마, 근본적으로 역설적인 존재론적 자리를 드러낸다. 주체는 존재를 버리고서야 주체일 수 있지만, 그 주권은 버려진 존재에 걸려 있다. 속류 정신분석에 따라 이를 쉽게 무의식이라고 말하는 일을 경계하자. 나의 세계가 '붉은 골목'이라는 것은, 내가 무의식의 대리인에 지나지 않는다는 것을 의미하는 것이 아니라, 주체가 언제나 그 자신이 죽는 자리로 버려진다는 사실이다. 내버려짐을 통해서 그 자리에 있는 죽음이라는 순수한 부정성, 나의 바깥이자 나의 존재가 바로 '여기'에 있음이 드러난다.

거짓말로 이루어진 자서전 쓰기, 한 개의 입으로 세 말 하기

그렇다면 '말하는 나'이자, 의미의 주체, 즉 이 질서 속에 존재하는 '나'는 어떻게 되는가. 시의 화자가 언제나 이 산문의 주변에서 태어남과 죽음을 반복하는 것은 어머니의 상실을 회복하고자 하는 강박이 아니다. 그것은 오히려 나의 상실 속에서 나를 재구성하는, 혹은 나의 존재 속에서 나의 죽음에 마주치는 과정을 끝없이 반복하는 자기 서술의 강박과 연결되어 있는 것처럼 보인다. "뒤돌아 누운 너의 이야기는/ 가족과 어린 자신에 관한 것이었"(「옛날 사람에게」)던 것처럼, 반복적으로 자기에 대해 고백하는 것은 이 고백을 통해서 주체의 상실이자 죽음의 사태라는 근본적인 불안에서부터 벗어나 자기를 스스로 구성해 가는 것이기 때문이다. 이것이 '아이 낳기'와 '아이 죽이기'에 걸려 있는 문제.

　　아이를 지우고 앉았네 비밀을 나누려고 의자에 앉았네 의자에 앉아 나눌 얘기를 생각하려고 의자에 앉았네 여름은 의자로 향하는 길을 따라 수많은 침엽수를 세우고 나의 얼굴에 거의 슬퍼 보이는 그늘을 드리웠다; 우리만 남으려고 의자에 앉았네 부끄러웠던 일을 하나씩 말했네 너 한 번 나 한 번 의자에 앉았네 셋을 조롱하며 서로의 침묵을 조롱했네 언제든 일어설 수 있는 의자 위의 휴식이란 그런 것 뜨겁고 거저 받은 한 줌이란 그런 것 여름은 의자를 두고 돌아오는 길을 따라 수많은 잎을 떨구고 낙엽 밟는 걸음을 거의 슬픈 소리로 만들었다; 나란히 앉았네 앉기 전에 키스하고 앉아서 키스했네 행진을 상상하며 결혼을 약속했네 시끄러운 젊음을 업신여겼네 여름은 매년 같은 소리를 들려주었다 의자에서 의자로 난 길을 따라 수많은 창문을 던졌다; 의자에 앉았네 모든 여름을 거의 의자에 앉아 보냈네 의자의 그림자 속에 마주앉아 손잡은 아이들을 보네 거의 슬퍼 보이는 한 줌의 여름을 보네

　　　　　　　　　　　　　　　──「거의」

　"아이를 지우고 앉"아서 나누는 비밀, "부끄러웠던 일을 하나씩 말"하는 고백이란 결국 죽은 채로 태어난 나의 성장사를 되짚어 가는 일이다. 나는 "구멍 잘 파는 아이 낳

음"(「전보」)이라고 적힌 전보처럼 어머니의 자궁의 바깥으로 배달되어 와서, "문득 태어난 일이 쑥스럽습니다"(「홍조」)라고 고백하는 어린 소년, 여자가 되고 싶었으나 그런 말은 "엎드려서 침대에게만"(「학생의 꽃」) 하는 소년으로 자라난다. 여자 친구를 사귀고 결혼하고 아이도 낳는 성인이 되기도 한다. 그 아이는 언제나 태어나자마자 죽거나 태어나기도 전에 지워지거나 하지만, 어쨌든 이 시집의 많은 시들이 화자의 삶의 과정에 결부되어 있다는 것은 틀림없어 보인다.

그러나 문제는 이러한 고백이 진행되는 방식이다. "앉았네", "말했네", "약속했네"로 이어지는 서술어는 화자가 아이를 지웠던 지난여름을 회상하고 있다는 것을 확정한다. 우리는 의자에 앉았고, 아이를 지웠지만 미래를 약속했던 것. 과거를 나타내는 서술어들은 바르트가 지적했듯, 결국 어떤 질서의 표현*이다. 과거형은 있었던 일들을 하나의 사실로서 확정하고, 과거는 기억하는 사람의 과거형 발화에 의해 질서 정연한 사건의 흐름으로서 고정되는 것이기 때문이다. 기억하는 '나'는 일관되게 동일한 서술어를 사용함으로써, 그것이 사실이었다는 것을 드러낸다. 그러나 이 '-네' 체에 끼어들어 있는 '-다'체는 누구의 발화인가.

"드리웠다", "만들었다", "들려주었다", "던졌다"라는 서

---

* 롤랑 바르트, 김웅권 옮김, 『글쓰기의 영도』(동문선, 2007) 33쪽.

술어는 '-네'체의 일관성과 질서를 파괴하는 동시에, 이 언술의 발화 주체를 의심하게 한다. 언술상 '-다'체의 주어는 "여름"이니, 발화는 (나는) "여름이" 드리우고, 만들고 던졌다고 (말한다)로 구성된다. '-네'체의 발화의 주체가 '나'이며, 그것은 이 언술의 의미가 지난여름에 일어난 '나의 행위'임을 확언한다는 점에서 보증된다. 말하자면 '-네'체의 언술에 주어가 있든 없든 그것은 나이거나 우리의 행위이므로 이 발화의 주체가 발화하는 자라는 것이 보증되고 있는 것이다. 그러나 '-다'체에서는 발화자 나는 사라지고, 나는 오직 '여름의 행위'만을 묘사 혹은 전달하는 발화 주체로서만 존재하게 된다. 이런 언술들은 마치 '여름은 ~ 했다'라는 문장이 안긴 문장처럼 '나는 ~ 말한다' 속에 들어가 있는 것, 나는 사라지면서 시술의 대상인 안긴 문장을 객관화한다. 말하자면, 나는 내가 여름의 풍경을 보고 있다는 것, 여름이 그러한 것이 아니라 내가 그렇게 말함으로써 거기에 존재하는 것으로 간주하는 것이다. 벤베니스트가 지적한 일인칭의 주관성은 이런 방식으로 성취된다. 숨겨진 내가 대상에 대해 가지게 되는 권능은 이런 발화 방식에 의해 생성되는 것이기 때문이다.

   그러나 문제는 간단하지 않다. '-네'체와 '-다'체는 단순히 서술어의 차이가 아니라, 숨겨진 발화자가 동일한 '나'인지를 확언할 수 없도록 하기 때문이다. "드리웠다", "만들었다", "던졌다"라고 말하는 주체는 누구인가? '-네'체는

'-다'체의 발화자가 '나'임을 확언할 수 없게 만들고, '-다'체는 또한 '-네'체의 발화자의 권능을 의심하게 한다. 일반적인 언술의 상식에 따를 때, '-다'체의 발화자는 '나'일 것이지만 이 두 서술체의 교차는 서로를 부정하는 관계를 만들어 낸다. 그렇다면 이 시는 '고백'으로서의 지위를 보증받을 수 있을까? 고백은 고백되면서 그 진위성을 의심받게 된다. 그것이 가짜임이 드러날 때 다시 진짜 서술이, 가짜가 또다시 진짜가 되는 상황, 진위 증명이 불가능해지는 고백만이 여기에 남게 된다.

이 시집의 거의 모든 언술들은 바로 이러한 진위 증명이 불가능한 고백에 내몰려 있다. 가령, "나는 작은 사람의 화장을 경이롭고 부끄럽게 생각했습니다. 불을 끄면 내 아랫배를 쓸어내리던…… 가방에서 꺼내 보여 주던 나무 층계들로…… 아까는 지루해진 풍경이 정오를 털고 일어나 어두운 언덕을 오르기 시작했어. 매일 일어나는 일을 놀랍게 이야기하는 건 작은 사람에게 참을 수 없는 지루함이란 없기 때문입니다."(「작은 사람」)에서 반말체로 이야기하는 사람은 '작은 사람'이다. 이 시의 화자는 '나'인데, 나의 이야기는 누군가에게 전달되고 이 '작은 사람'의 목소리는 나의 발화 안에서만 전달된다. 문제는 이러한 전달되는 목소리가 나의 발화와 아무런 구별 없이, 마치 내가 말하는 것처럼 구별 없이 전달된다는 것이다.

이러할 때 고백은 가짜가 되고 발화자 '나'의 확실성과 진실함은 소멸되어 버린다. 나의 옛이야기를 '고백'하는 '나'의 고백 속에 끼어들어 있는 또 다른 목소리는 나를 고백하는 나의 자기 서술 속에서만 나타나며, 이 자기 서술을 배반한다. 뒤섞여 있는 이 발화의 '주체'를 확인할 수는 없지만 확실한 것은 발화자 '나'가 가짜라는 것, 발화자의 모든 발화가 거짓말일 수 있다는 사실이다.

"귀신은 제 이름이 기억나지 않을 때만 자기 정체를 안대./ 사육장과 계양대 사이에 앉아서 나는 이 이야기를 지어냈다."(「유전」)라고 말할 때, 나는 이야기를 지어내는 이름 없는 자다. "나는 내력과 조짐은 믿지 않지만/ 환절을 가늠하는 체온과/ 작명소에서 일러 준 내 각별한 호칭 정도가/ 당장의 실마리였다."(「유전」) 작명소에서 일러 준 호칭이란 이름을 말하는 것일 테지만, 나에게 더욱 분명한 것은 내력과 조짐도 이름도 아니라 환절을 가늠하는 체온, 오직 몸의 감각으로만 내가 여기에 남아 있다는 사실이다. 이름은 존재의 명칭이자, 존재가 아버지의 질서 속에 위치하고 있다는 표지다. 나는 '나의 이름'으로 불림으로써, 그것이 '나'임을 알지만 이름은 본래 나의 것이 아니므로 나는 언제나 '다른 것'에 의해 지칭된다. 그러니, 나는 내가 불리지 않는 곳에서 존재하며, 이름의 세계에서 가능한 유일한 실체성은 '환절을 가늠하는 체온', 몸의 감각뿐이다. 그러니 나는 이름을 버리고, "스스로 떠올린 새롭고 부서운 별명과 재빨리 비슷해"진다.

내가 만들어 내는 것은 이름만이 아니라 운명이기도 하다. "잠들기 전에 지어내는 기발한 운세"(「조립의 방」)처럼, 나는 내게 별명을 지어 주듯 내게 거짓말을 하고 "내가 나한테 들려주는 거짓말이 미래엔 잊지 못할 장면이 되겠습니다"(「조립의 방」)의 진술은 매우 인상적이다. 이 문장이 담고 있는 시간은 복합적이다. 나는 지금 나에게 거짓말을 들려주고, 미래의 나는 지금 거짓말을 들려주는 나를 기억한다. 그러니 내가 들려주는 거짓말은 미래의 시간에서 이 거짓말을 진실로 기억하는 나에 의해 진실이 될 것이다. 거짓말은 내가 지어내는 운세이자 지금 내가 처한 상황이므로 미래에 그것은 나를 결정짓는 어떤 원천이자 원초적 장면이 된다. 그것은 또한 미래다. 그러므로 門밖으로 나가기와 들어가기, 죽음을 반복적으로 재생하는 것은 자기의 상실과 죽음을 반복함으로써 자기를 구성하는 고백의 담화와 밀접하게 관계를 맺고 있는 것이다. 따라서 이 고백 속의 고백, 목소리 속의 목소리는 아마도 나의 목소리다. 아마도 고백의 실패 속에서 드러나게 된 나, 존재의 바깥으로 추방된 '나'가 아닐까?

내가 죽도록 훔쳐보고 싶은 건 바로 나예요 자기 표정은 자신에게 가장 은밀해요 원치 않는 시점부터 나는 순차적으로 홀홀히 늘어붙어 있네요 아버지가 만삭 어머니 배를 차고 떠났을 때 난 그녀 뱃속에서 나도 모를 표정을 나도 몰래 지었을 거예요 어머니가 그런 아버지 코를 닮은 내 매부리코를 매일 들어 올려 돼지코를 만들 때도 그러다가 후레자식은 어쩔 수 없다며 왼손으로 내 머릴 후려칠 때도 나는 징그럽게 투명한 표정을 지었을 거예요 여자에게 술을 먹이고 나를 그녀 안으로 들이밀었을 때도 다음 날 그 왼손잡이 여자에게 뺨을 맞았을 때도 내가 궁금해한 건 그 순간을 겪는 나의 표정이었어요 은밀하고 신비해요 모든 나를 아무리 잘게 잘라도 단면마다 다른 표정이 보일 테니 나를 훔쳐볼 수만 있다면 눈이 먼 피핑톰(peeping tom)이 소돔 소금기둥이 돼도 좋아요 거기, 거울을 들이밀지 마세요 표정은 보려는 순간 간섭이 생겨요 맑게 훔쳐보지 않는 한

─「정체」

"아버지 코를 닮은 내 매부리코"는 내가 아버지의 아들임을, 어머니를 떠난 아버지 그 자체임을 증명한다. 그러므로 어머니가 "왼손으로 내 머릴 후려"치는 대상은 자신이 출산한 아이가 아니라, 자신을 떠난 아버지. 내가 "나를 그녀 안으로 들이밀었"던 여자는 왼손잡이이자, 왼손으로 나의 뺨을 때리는 어머니. 그러므로 「정체」에서 어머니와 여자, 아버지와 나는 두 개의 이름을 가진 동일한 사람이다. 어머니는 나를 때리면서 아버지를 때리고, 나는 여자와 성적 관계를 맺으면서 동시에 어머니와 성적 관계를 맺는다. 그러므로 「정체」의 '나'는 사실상 태어남에 관한 모

든 관계들을 반복함으로써, 그 순간에만 되살아 오는 내가 아닌 나다.

그러나 여기에서 주목되는 것은 바로 그 모든 원초적 장면을 지켜보는 '나', 이 원초적 장면을 반복함으로써 그 반복하는 순간에 나타나는 '나'다. 아버지가 만삭 어머니의 배를 차고 떠날 때, 어머니가 나/아버지를 때릴 때, 내가 여자/어머니와 섹스할 때, 어머니/여자가 나의 뺨을 때릴 때, 바로 "그 순간을 겪는 나의 표정"이란, 이 원초적 장면의 반복을 통해서만 나타나는 '나'다. "내가 죽도록 훔쳐보고 싶은 건" 바로 이렇게 나의 바깥에 있는 원래의 나다.

숭고하고 비루한, 엎드린 메시아

그러할 때, '나'는 말도 행동도 없이 이 붉은 세계에 '엎드린 자세'로서만 남는다. "비명을 참으려고/ 도끼를 든 거구의 방문에/ 선뜻 깨어나 아무렇지 않게 목을 내밀려고" 취하는 이 엎드린 "울음의 두 손 안으로 공포와 함께 쏟아진 아이를/ 가죽나무에게 인사하는 가봉자의 새빨간 오후를/ 깜빡이는 전구와 사라지는 세계를"(「엎드린다」)이 재앙의 세계에 "그려 내려"는 행위다. 말하자면 나는 엎드림으로써, 아비 없는 아들, 이름을 가지지 못한 그러므로 세계 속에 존재를 가지지 못한 '나'를 존재로서 아버지의 세계에 기록하고자 한다. 아이는 축복을 얻어 세상에 나오는 것이 아니라 어머니의 산문 밖으로 쏟아져 나오고, 여전히 자신의 죽음 속에서 존재를 증명하기 위한 다른 어떤 방법을 찾지 못하기 때문이다.

"엎드리는 건 오직 은밀한 조립을 위한 자세일 것"(「조립의 방」)에서 엎드린다는 자세가 전혀 새로운 세계를 만들어 나가는 것임이 명확해진다. 이것은 여왕의 담벼락 안의 세계가 아니라 바깥, "울타리를 넘으려 하는 모든 자세"(「운동장」)이며, 이 월경/추방을 통해서 나는 가장 낮게 엎드림으로써 가장 높은 조망을 얻을 수 있다. 그러므로 나의 엎드림은 "높이를 증명하기 위해 구르던 가파른 깊이"(「엎드린다」)를 가진 자세, 월경/추방을 위한 제스처에 해당하는 것이 아니겠는가. 말하자면 이 "엎드린다"는 역설적으로 아버지의 세계 속에 '존재'하고 있다는 증명이 아니라, 폭력의 원천 증명이자 '피의 문' 되기다. 그러므로, 이 시집에서의 무수한 거짓 고백들을 일일이 분류하여 진짜 '나'를 찾아내는 일은 아무런 의미가 없다. 나는 여기와 저기, 안쪽과 바깥을 구별 지음으로써 존재하는 것이 아니기 때문이다. 문의 안쪽과 바깥 사이에 경계를 만드는 것이 아니라, 경계선 위에서 경계선을 흩트리는 것, 이로써 그 경계 자체만을 무한히 확대해 나간다. 경계의 확대는 결국 이를 둘러싼 세계의 구성 원리 자체를 소멸시킨다. 어머니의 얼굴을 한 신의 아들 혹은 신의 얼굴을 한 어머니의 아들의 피가 내리고 있는 문, 이 새로운 메시아는 태어나기 전에 주어진 속죄로 인해 죄인이 된 인류를 대속하는 것이 아니라 아버지의 세계가 소멸되게 한다. 아름답지 않지만 숭고한, 엎드린 메시아의 자세에서. 우리는 새로운 세계를 볼지도 모른다. 가도 가도 끝없는 피의 벌판일지도 모르지만, 인간으로 존재하지 못할 수도 있겠지만.

김상혁

1979년 서울에서 태어났다.
2009년 《세계의 문학》 신인상으로 등단했다.

이 집에서 슬픔은 안 된다

1판 1쇄 펴냄 · 2013년 3월 15일
1판 5쇄 펴냄 · 2019년 10월 17일

지은이 · 김상혁
발행인 · 박근섭, 박상준
펴낸곳 · **(주)민음사**

출판 등록 1966. 5. 19. 제16-490호
서울특별시 강남구 도산대로1길 62(신사동)
강남출판문화센터 5층 (우편번호 06027)
대표전화 02-515-2000 / 팩시밀리 02-515-2007
www.minumsa.com

ⓒ 김상혁, 2013. Printed in Seoul, Korea
ISBN 978-89-374-0812-0 (04810)
ISBN 978-89-374-0802-1 (세트)